AF359634

Dos à lions à la Dussouil – tr. dorée sur tabac
Dessin à l'aquarelle d'après Revoil.

V.te Caithava n.° 589 – F. 9. 25

33165

CHEVAUCHÉE

DE L'ASNE.

Tiré à 100 Exemplaires.

LYON, IMPR. DE J. M. BARRET. 1829.

RECVEIL

FAICT AV VRAY,

DE LA CHEVAVCHEE

DE L'ASNE, FAICTE EN LA

ville de Lyon : Et commencée le
premier iour du moys de
Septembre, Mil cinq
cens soixan-
te six :

*Auec tout l'Ordre tenu
en icelle.*

Mulieris bonæ beatus Vir.

A LYON,
Par Guillaume Testefort.
Auec Priuilege.

PRIVILEGE.

VEV par nous Nicolas de Langes , Docteur es Droictz , Conseiller du Roy , Lieutenant particulier Ciuil et Criminel en la Senechauchée et siege Presidial de Lyon , la requeste à nous presentée par Guillaume Testefort Imprimeur , demourant à Lyon. Par laquelle nous auroit remonstré , qu'il auroit recueilly tout l'ordre tenu en la Cheuauchée faicte en ladicte ville : et icelle voudroit imprimer : ce qu'il n'oseroit faire , sans qu'il luy fust permis par nous. Requeroit par tant (attendu qu'il n'y auoit chose preiudiciable ny dommageable à la chose publique) qu'il luy fust permis de ce faire : et deffences faictes à tous Imprimeurs , Libraires et autres de ceste dicte ville de l'imprimer , vendre , ny debiter , par l'espace de six sepmaines. Laquelle requeste , de notre ordonnance auroit esté communiquée au Procureur du Roy , qui icelle veue , auroit dict et declaré n'auoir moyen de ce empescher. Nous auons dict et disons , qu'il est permis audict Testefort d'imprimer ou faire imprimer ladicte Cheuauchée. Faisant inhibitions et deffences à tous Imprimeurs , Libraires et autres , d'icelle imprimer , vendre , ny debiter , pendant le temps de six sepmaines prochaines : à peine de confiscation desdictz liures et autre amende arbitraire. Faict à Lyon le vingtcinquiéme iour de Nouembre , Mil cinq cens soixante six.

De Langes.

I.Croppet.

AVIS
DES ÉDITEURS.

SI le petit ouvrage dont nous offrons une nouvelle édition à nos lecteurs n'avait d'autre mérite que celui d'une excessive rareté, nous n'eussions jamais songé à le réimprimer, et nous nous serions bien gardés de troubler ainsi l'innocente satisfaction de quelques bibliophiles privilégiés, heureux et fiers à la fois de posséder un livret de mince volume dont les exemplaires se paient quelquefois au poids de l'or et ne se rencontrent que rarement même dans les plus riches bibliothèques. Mais ce léger opuscule nous a semblé pouvoir être considéré comme un des monumens les plus curieux et les plus authentiques des mœurs de nos ancêtres vers le milieu du seizième siècle, et, comme tel, appartenir à l'histoire de notre pays. En conséquence, nous avons pensé qu'il méritait d'être plus connu qu'il ne l'est généralement, et nous l'avons jugé digne des honneurs d'une réimpression.

La coutume de promener sur un âne les individus qui s'étaient rendus coupables de quelque action déshonorante et particulièrement de fautes graves contre les mœurs, remonte à une assez haute antiquité, et l'on trouve de nombreux exemples de ce genre de punition chez les peuples anciens. A Cumes, la femme adultère, après avoir été exposée quelque temps sur la place publique, était promenée sur un âne dans toute la ville, et conservait dans la suite le surnom flétrissant *d'onobatis*, mot grec qui signifie *celle qui a monté l'âne*. [1] Chez les Pisidiens, l'homme surpris en adultère, était également promené sur un âne, avec sa complice, pendant un nombre de jours déterminé. [2] Cette peine infligée en diverses circonstances, et à des époques plus récentes, eut toujours pour objet de vouer à l'infamie ceux que l'on exposait de la sorte à la risée publique. [3]

1 Plutarchi opera. Quæst. græcæ. Quæstio 2.ᵃ

2 Jo. Stobæi sententiæ ex thesauris Græcorum delectæ. Genevæ, 1609, in-fol., serm. 42, pag. 292.

3 « Postremis etiam sæculis ad opprobrium deducebatur reus super asinum facie conversa ad caudam quam manu tenebat. Ita Burdinus, Antipapa, A. C. 1121, Calisto Secundo Papæ traditus, et camelo impositus, spectaculum populo romano præbuit.

(Muratori, Antiquitat. italicæ medii ævi, tom. II, column. 232).

Le même auteur cite ensuite, à la même page, un décret des consuls et du peuple de Nepi, de l'année 1131, prononçant contre les traîtres la peine suivante : ..... *Qui suos tradidit socios : non sit ejus memoria, sed in asella sedeat, et caudam in manu teneat.*

M. Prost de Royer qui cite ce décret dans son *Dictionnaire de jurisprudence* (Lyon, 1784, in-4.º, tom. IV, pag. 785, art. *Ane*), parle de la disposition que nous venons de rappeler, comme étant applicable *aux maris qui avaient été battus par leurs femmes.* Il n'est nullement question de maris ni de femmes dans le décret, et le savant jurisconsulte aura sans doute été induit en erreur par ses souvenirs, et faute d'avoir pris la peine de vérifier sa citation.

« Mithridate s'étant saisi de Manius Aquilius, romain, il le fit conduire à Pergame sur un asne, le herault marchant devant luy qui publioit, voici Manius. La populace constantinopolitaine irritée contre l'empereur Maurice, print un maure le ressemblant, qui coronné d'ailletz, seant sur un asne, fut mené par la ville, gabbé et publiquement traicté de plusieurs insolents propos. Thomas pour s'estre eslevé contre Michel Balbe, empereur, ayant les bras et pieds brisez, fut traîné parmy le camp sur un asne, criant à haulte voix : *Aye pitié de moy qui suis vray roy*..... Jehan, capitaine

Il est facile de retrouver dans cet usage antique et consacré par des lois positives, l'origine de la coutume plus moderne de promener sur un âne le mari qui s'était laissé battre par sa femme. Dans ces siècles encore grossiers, où la force corporelle tenait presque toujours lieu de toutes les vertus, un pareil fait devait paraître un acte de lâcheté qui méritait d'être puni comme un véritable crime et pour lequel l'infamie ne semblait pas une peine trop sévère. Mais comme la loi n'avait pu prévoir un tel délit, la société s'attribuait le droit d'en faire justice par elle-même, sans avoir recours aux tribunaux. Cet usage devint donc à peu près général en France [1] ; seulement ce singulier acte de jus-

soubs Honorius, ayant à Rome usurpé le titre d'empereur, fut par Valentinian pris, monté sur l'asne, promené par la ville, et occis. Crescentius, consul romain, ayant deschassé Gregoire cinquiesme, pour placer en sa dignité Jehan dix huictiesme fut par Othon traité de mesme sorte. Comme aussi Anastase le patriarche favorisant aux desseins d'Artabasdus, à l'encontre de Constantin Copronyme; l'evesque George, par les Alexandrins, avant que d'estre brulé. »

(Cl. Noirot. L'Origine des masques, mommerie, etc. Langres, 1609, ch. 3, n.º 11.)

« A Madrid, lorsque tout est préparé pour le combat du taureau, et que l'amphithéâtre est rempli de spectateurs, le bourreau arrive, monté sur un âne, fait le tour de la place, et lit un édit qui condamne à deux cents coups de fouet, et à faire *trois tours sur l'âne, la tête tournée du côté de la queue*, ceux qui, pendant la course, descendraient dans l'arène. On prétend qu'il n'a rien moins fallu qu'une peine à la fois infamante et dérisoire, pour garantir les Espagnols de leur propre imprudence, et maîtriser l'espèce de fureur avec laquelle ils se livraient à ce barbare divertissement. »

(Note extraite de l'ouvrage intitulé : Collection des meilleurs dissertations, notices et traités relatifs à l'histoire de France, par MM. C. Leber, J.-B. Salgues et J. Cohen. Paris, 1826, tom. IX, pag. 54. Elle est signée des initiales C. L.)

1 Sed bene vidi *quasi ubique*, quando maritus ab uxore vapulatur, quod in eo casu ducitur supra asinum per proximum vici-

tice ne s'exerçait pas exactement de la même manière dans les diverses provinces du royaume. Ici c'était le

num : qui si hoc facere reluctetur , solvere tenetur pœnam sive emendam centum solidorum , aut decem librarum turonensium , prout dicitur factum Burdegalæ in persona D. Joann. de Haut-Court , regis in ejus curia consiliarii , qui recusaverat vicinum maritum ab uxore vapulatum supra asinum ducere , et prædictam solvit emendam decem librarum.

(D. N. Boerii Decisiones Burdegalenses. Lugduni , 1593 , in-fol. Decis. 297 , n.º 14 , pag. 531).

> Et se ceste femme a touché
> Son mary , il chevauchera
> L'asne tout au long du marché ;
> Ainsi chascun s'en mocquera.
>
> (Poésies de Guill. Coquillart , official de l'église de Rheims.
> Paris , 1723 , pag. 10).

« En certains endroicts , ce n'est pas celuy qui est estrillé par sa femme qu'on traine sur l'asne , c'est le voisin qu'est condamné de seoir sur ceste beste et d'aller par la ville faire le sot , accompagné de ses autres voisins desguisez et barbouillez , qui crie sur cest asne à haulte voix : CE N'EST POUR MON FAICT , C'EST POUR CELUY DE MON VOISIN.

« Le même aucteur (Boyer , *Boerius*) rapporte qu'à Paris et autres lieux , celuy est accommodé en ceste sorte qui a permis souiller son lit d'impudicité , et tirassé par sa femme effrontée es places publicques de la cité , la trompette devant , qui à fin d'advertyr un chacun de penser en ses affaires , va disant : QUI AINSI FERA , AINSI LUY EN PRENDRA. »

(Noirot , ibid. , chap. 3 , n.ᵒˢ 3 et 4.)

On lit ce qui suit dans l'Annuaire des Hautes Alpes , pour l'année 1808. Lettres d'Eraste , pag. 142 , lettre xj.ᵉ :

« Je rentrais à Gap , lorsque je rencontrai un homme monté sur un âne , le visage tourné du côté de la queue qu'il tenait à la main ; entièrement couvert d'un manteau , il avait deux écuyers qui étaient bardés de colliers de mulets , garnis de grelots. On le voyait précédé d'un cornet à bouquin , et entouré d'un grand nombre d'artisans , dont les uns chantaient , les autres jetaient des cris. Je crus assister à la fête de quelque dieu payen ; et c'était tout bonnement un homme que l'on promenait au milieu de la risée publique , mari battu lui-même que l'on promenait sur l'âne ; là c'était seulement son plus proche voisin ; ailleurs c'était la femme coupable de cet acte de rébellion que l'on exposait aux brocards de la populace ; mais quoique différentes dans quelques-uns de leurs détails , ces cérémonies avaient une origine commune et un même but. Cet usage bizarre parut même avoir, en quelque sorte , obtenu force de loi dans certaines contrées, puisqu'on lit dans un vieux jurisconsulte [1] qu'un conseiller au parlement de Bordeaux fut contraint de payer une amende de dix livres tournois, pour avoir refusé de conduire l'âne sur lequel on avait placé un de ses voisins qui avait été battu par sa femme. Quoi qu'il en soit pourtant, on sentit bientôt à quels désordres pouvait donner lieu un pareil usage , et des mesures furent prises par l'autorité judiciaire pour le faire cesser. Il existe sur ce sujet plusieurs arrêts de divers parlemens du royaume. [2] Cependant , si l'on parvint à rendre cette coutume moins fréquente dans quelques pays, on ne put parvenir à la supprimer tout-à-fait ; elle s'est

parce qu'il était le plus près voisin d'un autre qui s'était laissé battre par sa femme. On s'arrêta au coin des places ; après un appel au public , les écuyers ouvrirent le manteau , et le héros de la fête lut à haute voix une pancarte où l'on racontait en style burlesque l'aventure tragi-comique. — Ces gens ont tort , me dit un habitant de Saint-Julien en Champsaur ; chez nous l'on punit la coupable. C'est la femme qui a battu son mari que l'on fait monter sur l'âne , la figure tournée du côté de la queue. On la promène ainsi dans le village en lui faisant boire du vin , et on lui essuie les lèvres avec la queue de l'animal. — Je ne pus m'empêcher de rire des réflexions de ce bon montagnard. »

[1] Boerius , ou Boyer. Voy. la note précédente.

[2] Arrêt du parlement de Bordeaux , du 2 septembre 1610 , qui condamne à trente livres d'amende des paysans qui avaient pris

même perpétuée jusqu'à nos jours , et plusieurs personnes peuvent se souvenir d'avoir vu encore, il n'y a pas bien long-temps, de pauvres maris, appartenant à la classe du peuple, servir de jouet à la populace dans de pareilles circonstances. Il est juste de dire toutefois que de pareils exemples sont fort rares aujourd'hui , et il y a tout lieu d'espérer que cette coutume grossière disparaîtra bientôt entièrement de nos mœurs. [1]

part à une chevauchée ou course de l'âne , et qui fait défenses à eux et à tous autres d'user de telles façons de faire, à peines.

(Voy. l'ouvrage intitulé : Plaidoyers et actions graves et éloquentes de plusieurs fameux avocats du parlement de Bordeaux et arrêts sur ce intervenus. Bordeaux , 1616 , in-4.º , pag. 197.)

Arrêt du 21 mai 1718, qui proscrit la coutume qui avait lieu à Commerci en Lorraine , de promener dans la ville, chaque année , le jour du mardi gras, un bœuf sur lequel on faisait monter les voisins de ceux qui s'étaient laissé battre par leurs femmes.

Arrêt du parlement de Dijon, du 9 août 1746 , sur un cas du même genre. (Serpillon , tom. II, pag. 1477).

Un peu avant la révolution , dans le village de Chatonnay , arrondissement de Vienne, un chirurgien s'étant laissé frapper par sa femme , fut condamné dans une assemblée de paysans à être promené sur l'âne , mais comme on ne put se saisir de sa personne , on le remplaça par un de ses voisins , que l'on fit monter sur l'âne, la tête tournée du côté de la queue de l'animal , tenant une quenouille à la main , et que l'on promena ainsi dans tout le village, la troupe s'arrêtant dans chaque carrefour , pour qu'un de ceux qui en faisaient partie donnât lecture du jugement qui avait été prononcé. Cette farce donna lieu à une plainte judiciaire, et la cause fut portée en appel au parlement de Grenoble. Un avocat devenu célèbre dans nos troubles politiques , Barnave , se chargea de la défense des accusés , et publia , à cette occasion , un mémoire dans lequel il présenta le résultat de ses recherches sur l'origine de cette ridicule cérémonie. Ce mémoire , qui fut imprimé , commença la réputation de son auteur.

Nous devons la connaissance de cette anecdote à M. Cochard.

1 Dans quelques villes du Midi de la France , une *chevauchée*

Il paraît au reste que ces sortes de cérémonies burlesques étaient tout-à-fait populaires dans notre pays, puisqu'on avait fait choix d'un spectacle de ce genre pour célébrer l'entrée à Lyon de la femme du gouverneur de la province. On lit ce qui suit dans l'*Histoire de la ville de Lyon*, de Claude Rubys, année 1566, récit de l'entrée de Mad. la duchesse de Nemours: « Les jours suyvants furent faictes plusieurs resiouissances en la ville. Et entre autres, une charavary ou chevauchée de l'asne, contre les maris qui s'estoyent laissez battre à leurs femmes, qui fut chose fort plaisante à voir, et fut de l'invention d'un nommé Jean Perron, imprimeur, et l'un des gardes du maistre des ports, homme fort facetieux, et propre pour telles inventions. » On s'étonnera peut-être du choix d'un pareil spectacle pour fêter une dame de haut rang à laquelle il pouvait bien paraître un peu extraordinaire ; mais nos bons aïeux n'y regardaient pas de si près, et, dans leur naïve simplicité, ils ne soupçonnaient pas qu'on pût ne pas goûter un divertissement qui faisait leurs délices.

Il est probable qu'une cérémonie du même genre eut encore lieu à Lyon quelques années plus tard, puisqu'il existe un second ouvrage sur le même sujet, publié en 1578 sous le même titre. Cet opuscule vient d'être réimprimé dans l'ouvrage intitulé: *Collection des meilleurs dissertations, notices et traités particuliers relatifs à l'histoire de France*, etc., par MM. C. Leber, J. B. Salgues et J. Cohen. Paris, Dentu, 1826, tom. IX,

---

de l'âne fait presque toujours partie des réjouissances et amusemens du carnaval. On nous assure que la petite ville de St-Chamond (Loire) en a offert, l'an passé, un exemple.

pages 147 - 168. [1] Cette réimpression est faite avec assez de soin, quoiqu'on y ait laissé passer quelques fautes ; mais l'avis qui la précède contient plusieurs inexactitudes qui nous paraissent devoir être relevées.

[1] L'opuscule de 1578 porte le titre suivant : Recveil de la chevavchee faicte en la ville de Lyon, le dix septiesme de novembre 1578, avec tout l'ordre tenu en icelle. *Mulieris bonæ beatus vir.* A Lyon, par les trois supposts. Avec privilege. C'est un vol. petit in-8.º de 22 pages, plus un feuillet sur lequel se trouvent les vers suivans :

> Celui qui contre nature
> Se laisse a femme subjugué
> Mérite bien d'estre estrillé
> Souventesfois, selon droicture.
>
> C'est un monstre contre nature
> Celui que sa femme bien bat ;
> Il n'est digne d'être en combat ;
> De telles gens nous n'avons cure.

Le duc de la Vallière a fait mention de cet opuscule dans sa Bibliothèque du théâtre français (Dresde, 1768, 3 vol. p. in-8.º), sous le titre de *la Farce des trois supposts*, année 1578. Quoique plusieurs acteurs prissent part à cette farce, nous croyons que c'est à tort qu'elle se trouve classée parmi les ouvrages dramatiques.

Le recueil de 1566, dont nous donnons ici la réimpression, forme un volume petit in-8.º, de 40 pages y compris le titre. Nous avons eu entre les mains deux exemplaires de ce recueil, exactement semblables sous tous les rapports, à l'exception que dans le premier ne se trouvait pas le dizain *à l'honneur de la mere Imprimerie*, qui occupe le dernier feuillet du second. Dans le premier de ces exemplaires, le mot *fin* se trouve placé au bas de la page 39.e et dernière ; dans le second, ce mot se lit seulement à la 40.e page et à la suite du dizain dont nous venons de parler.

Nous connaissons plusieurs copies manuscrites du recueil de 1566 : l'une d'elles se trouve dans la bibliothèque publique de la ville ; une seconde fait partie de la bibliothèque de l'académie : elle est de M. Adamoli ; une troisième enfin, plus ancienne que les deux autres, appartient à M. Revoil, qui y a joint un charmant dessin de sa main, représentant une des scènes conjugales mentionnées dans l'ouvrage.

Les anciens historiens de la littérature française n'ont fait aucune mention de ces deux opuscules.

L'éditeur prétend que le recueil de 1566 n'est autre chose qu'une facétie en vers, et qu'il n'offre ni l'intérêt historique, ni la couleur de vérité qu'il reconnaît dans le recueil de 1578. Il est facile de juger par cette assertion que l'éditeur n'a connu le recueil de 1566 que par son titre [1] : s'il eût eu cet opuscule sous les yeux, il aurait facilement reconnu que, comme le recueil de 1578, il contient le récit fidèle de tout ce qui s'était passé dans la cérémonie à l'occasion de laquelle il a été composé, et que les vers qui s'y trouvent n'en forment que l'accessoire. Ces deux livrets sont donc également curieux, et quoi qu'en dise l'éditeur du dernier en date, nous croyons que la relation de 1566, tout aussi rare que celle de 1578, ne mérite pas moins d'être connue des amateurs de notre ancienne histoire.

Dans cette réimpression, nous nous sommes attachés à reproduire avec la plus scrupuleuse exactitude le texte original; mais nous l'avons fait suivre de quelques notes disposées pour plus de commodité dans l'ordre alphabétique, et destinées, soit à faire connaître le sens de quelque mots surannés, soit à donner quelques éclaircissemens historiques qui nous ont paru nécessaires à l'intelligence de cet opuscule.

LYON, le 1.er avril 1829.

B.—D.—P.

[1] Dans l'énoncé du titre du recueil de 1566, M. Brunet (Manuel du libr. , tom. III, pag. 203), ordinairement si exact, a laissé échapper une faute typographique (Testeforte, pour Testefort) que les éditeurs de la *Collection* n'auraient pas manqué de corriger, s'ils eussent eu l'édition sous les yeux.

L'ORDRE TENV

EN LA CHEVAVCHEE,

FAICTE EN LA

VILLE DE

LYON.

✳

PREMIEREMENT.

LE Iour de la premiere Dimenche du moys de Septembre, fut faicte la premiere cryée et proclamation des Dictons, qui le dict iour furent ioüez par ladicte ville. Où estoit l'Abbe du Temple, l'vn des Abbez de Mal-gouuert, et sa suitte : iceluy reuestu d'vne robbe longue noire, et dessus icelle vne froche faicte d'vn fillé de lin, à pescher poyssons. Et en sa teste vne mittre fort bigearre : tenant vne crosse de boys magnifiquement faicte. Estant iceluy Abbe accompagné de trente à quarante des Moynes de ladicte Abbaye, montez tant sur cheuaux que asnes, portans tous robbes longues, chacun vne cornette dudict fillé en mode de Conseillers, auec le haut bonnet à l'antique, peinct de plusieurs couleurs, qu'il faisoit fort bon veoir : auec les tabourins et fiffres. Et au dernier de ladicte compagnie, trois Suppostz de ladicte Abbaye brauement accoustrez, qui disoyent les Dictons par les carrefours de ladicte ville et lieux accoustumez : dont la teneur s'ensuyt.

LE PREMIER SUPPOST.

Bon pied.

LE SECOND SUPPOST.

Bon oeil.

LE TROISIÉME SUPPOST.

Bonne demarche.

1 S. Dict-on que nous sommes tous seul ?

2 S. Nenny, car nous tenons tetrarche.

3 S. Des bons compagnons par racueil,
Serons maintenuz en la marche.

1 S. Bon pied.

2 S.   Bon oeil.

3 S.   Bonne demarche.

1 S. Suppostz, sur ma foy, ie me fasche
De veoir le temps si ennuyeux.

2 S. De moy ie ne suis pas joyeux,
Car ie crains trop la malle tache.

3 S. Si la bride aux femmes on lasche,
Croyez que nous sommes perduz.

1 S. Pour estre soudain deffenduz,
Faut appeller les gens notables.

2 S. Asseurez vous que tous les Diables
Ne firent iamais tant de maux,
Comme feront ces animaux
De femmes, tant sont dommageables.

3 S. Suppostz, soyons nous secourables,
Ou autrement tout est perdu.

1 S. Ne serons-nous pas entendu,
Des Abbez de ceste prouince ?

2 S. Ie croy qu'ilz ne seront si mynce
Qu'ilz ne nous viennent secourir.

3 S. Premier, il nous faut requerir
L'Abbe du Temple et tout son train.

1 S. Auecque luy tout d'vne main
De sainct Michel l'Abbe y vienne.

2 S. De sainct Vincent l'on se souuienne
Que l'Abbe ne soit endormy.

3 S. L'Abbe sainct George, comme amy,
Ne faillez à y comparoir.

1 S. On le faict aussi asçauoir
A l'Abbe sainct Iust ensuyuant.

2 S. Et en nostre faict poursuiuant,
De la Bazoche faut appeller le Prince,
A celle fin qu'en toute la Province,
Ne puisse en fin suruenir quelque alarme.

3 S. De sainct Romain le Cheualier en arme,
S'y trouuera auec sa compagnie.

1 S.   Le Plastre que l'on ne l'oblie ,
       Le Capitaine y marchera.
2 S.   La Lanterne s'endormira :
       Car elle a perdu sa Princesse.
3 S.   De la Fontaine le Conte dort sans cesse ,
       Ie ne sçay qui l'esueillera.
1 S.   De la Rue du Boys marchera
       Le Gentilhomme et sa sequelle.
2 S.   Du Puys Pellu n'est plus nouuelle :
       Le Conte s'en est despouillé.
3 S.   Le Baron ne soit oblié
       De Rue neufue , et ses soldatz.
1 S.   Sans y porter picques ny dartz ,
       De Bourg-neuf l'Enseigne viendra.
2 S.   Ie m'asseure qu'on ne faudra
       Y veoir marcher la Boucherie.
3 S.   Quant à la dame Imprimerie ,
       Quoyque l'enuie la fretille ;
       Les bons Suppostz de la Coquille
       Y feront tout deuoir d'honneur.
1 S.   Le Bourg-chanin aymant l'honneur,
       Garny de vouloir honnorable ,
       Y accourra plustost qu'à table ,
       Auec le Iuge et son train.
2 S.   Plustost auiourd'huy que demain
       Se faut tous ralier ensemble ,
       Par bon aduis , comme me semble ,
       Pour remedier à ce faict.
3 S.   Autrement nous voyla deffaict ,
       Si soudain l'on n'y met remede ;
       Car la maladie ne procede
       Que par faute de chastiement.
1 S.   Elle pulule grandement ,
       Et se prend comme feu Gregeoys.
2 S.   Assemblez vous , Marchauds , Bourgeoys ,
       Pour y tenir la main de pres :
       L'on vous en aduertit expres ,
       Tel faict pend à vostre manteau.
3 S.   Plus eschauffées qu'vn toreau
       Frappent à tors et à trauers ,
       Assez pour troubler l'vniuers ,

Si soudain l'on n'y met de l'eau.

1 S. Cela me trouble le cerueau ,
Et me perce ivsques au cueur.

2 S. Ha c'est pour mettre en grand frayeur
Le plus hardy de ceste ville.

3 S. Dea , quelques foys le plus habille
S'y trouueroit bien estonné.

1 S. Il ne leur faut pas pardonné ,
Car c'est une chose trop ville :
Et pour ce que l'on soit habille
Soudain ce vilain feu estaindre.

2 S. La contagion est à craindre
Et qui la lairra demeurer ,
Serons en danger d'endurer
Auant que mourir grand martyre.

3 S. Or il suffit , qu'on se retire ,
Attendant la conclusion ,
Qui se fera par vnion
De tous les dessus appellé.

1 S. Si nous le mangeons sans pellé
Cela fort nous alterera.

2 S. Pour nous pas ne demeurera :
Car nous en faisons le deuoir.

3 S. Quant à moy ie vous dis , bon soir ,
Iusques à la grand assemblée ,
Ou l'on verra marcher d'emblée
Tant grandz que petis en bon ordre.

1 S. Sus sus , Tabourins , sonnez d'ordre ,
Afin qu'vn chacun se retire.

2 S. Allons nous en tout d'vne tire
Soudain arroser la gargatte :
Autrement mon gosier se gaste
Si ie ne le vois arroser.

*En continuant le Dimenche apres , fut faicte la
seconde cryée. Et fut marché , et tenu
l'ordre que s'ensuit.*

Premierement marchoit ledict Abbé du Temple , accompagné de l'Abbé sainct Michel , en bon equipage , accompagnez de plus de cent Moynes desdictes Abbayes : la plus part

d'iceux habillez en femmes, de diuerses et estranges façons,
portant en main quenoilles à filler, et autres bastons fantasques, et force tabourins et fiffres, marchans tous en
bon ordre. Et fut ce dict iour passé et receu l'Abbe sainct
George en grand triomphe et solennité au deuant l'Eglise
dudict sainct George, les rues des enuirons toutes tapissées,
tables mises, et le bancquet richement preparé, pour rece-
uoir ladicte compagnie. Et de là fut aussi ledict iour passé
et receu l'Abbe sainct Iust en grand triomphe, au pres de
la Croix Decolle, où les tables estoyent dressées, et le bancquet de mesme preparé. Et se disoyent les Dictons par
lesdicts trois Supposts (es lieux accoustumez) pour la seconde fois : dont la teneur sensuit.

LE PREMIER.

A l'ayde.

LE SECOND.

A l'arme.

LE TROISIEME.

Au secours.

1 S. Ie croy que tout va à rebours,
De ainsi veoir les femmes en armes.

2 S. Vous diriez que ce sont Gendarmes.
Si bien ell' entendent le tour.

3 S. A l'ayde.

1 S. A l'arme.

2 S. Au secour.

3 S. Venuz sommes, c'est pour le faire cour,
R'appeller tous les bons Suppos.

1 S. Or puisque nous sommes dispos,
Faut faire proclamation,
En declarant l'intention
Pour quoy sommes venuz icy.

2 S. Il n'y a plus ny qua ny sy,
Il y faut trestous comparoir
Et se mettre en bon denoir :
Voicy pour la seconde fois.

3 S. Arneschez vous, Marchans, Bourgeois,

Plus n'est temps se tenir arriere.

1 S. Tous Abbez en bonne maniere
Soyez prests auec vostre train.

2 S. Plustost au iourd'huy que demain,
Il faut faire deuoir sans cesse,
Pour eslire vne Princesse
De la Lanterne auec honneur.

3 S. De peur d'encourir deshonneur,
Il faut choisir de la Fontaine
Vn Conte, la chose est certaine,
Pour se trouuer à l'assemblée.

1 S. Il ne faut oublier d'emblée,
Si desia il n'estoit esleu,
Faire vn Conte au Puys Pellu:
Car il est de grand renommée.

2 S. De tous les mestiers assemblée
Se pourra faire qui voudra.

3 S. A chacun il en souuiendra,
Lon ne veut vser de contraincte.

1 S. Si qu'elcun d'y venir a craincte,
Se garde bien d'estre surpris.

2 S. De la Bazoche sus, Prince de haut pris
Il est temps que lon se reueille.

3 S. Long temps a qu'il dort ou sommeille,
Ie ne sçay qu'il en aduiendra.

1 S. Oblier pas ne vous faudra,
Gentil Admiral du Griffon,
Faire comme les autres fon,
De peur que ne tombiez en tort.

2 S. Et vous, les Bauardz de Confort,
Qui souliez tenir ranc en place:
Voulez vous que lon vous efface
Maintenant de ceste assemblée?

3 S. Du Iuge des sotz la meslée
Est perdue, long temps y a
Qu'il s'en est allé à quia,
Ie ne sçay quand il reuiendra.

1 S. De sainct Romain il vous faudra,
Noble Cheualier, comparoir.

2 S. Lon le faict aussi assauoir,
Comme de chose bien certaine,

A vous, du Plastre Capitaine,
Pour y marcher et voz soldatz.
3 S.　Sans y porter picques ny dardz.
De Bourg-neuf l'Enseigne soit prest.
1 S.　Vous de Rue neufue sans arrest,
Eslire vous faut vn Baron.
2 S.　De la rue du Boys nous verron
Le Gentil-homme et sa sequelle.
3 S.　La Boucherie, lon vous appelle,
Pour y comparoir en bon ordre.
1 S.　L'Imprimerie sans nul desordre
Est appellée à propos,
Pour comparoir et les Suppoz
Du bon Seigneur de la Coquille.
2 S.　Bourg-chanin ne craignez l'estrille,
Preparez vous soudainement
Pour faire faire accoustrement
Propice au Iuge et à sa suytte.
3 S.　Nous sommes icy à la poursuyte,
Cryant çà et là, par aboys :
Et c'est pour la seconde foys
Que vous en estes aduerty.
1 S.　Qui voudra ce mal diuerty,
Punir faut les meffaictz infames,
Non pas endurer que les femmes
Se mettent si auant en lesse.
2 S.　Il y a tous les iours sans cesse,
De plainctes vne infinité.
3 S.　Si ie vous osoys recité,
Ce qu'en appert par tesmoignage,
Vous ne le croyriez pas , ic gage,
Tant ces faictz là sont scandaleux.
1 S.　Il y en a des plus fameux
Qui sont tachez de ce meffaict.
2 S.　En paracheuant nostre faict,
Ceux qui seront interessez ,
Seront tellement pourchassez
Que long temps on s'en souuiendra.
3 S.　Qui voudra venir y viendra,
Pour le moins on faict le deuoir
Vous sommer pour y comparoir,

Et y mettre ordre de pres.

1 S.　C'est par commandement expres
De tous les Abbez Mal-gouuert,
Que le cas est à descouuert,
Au nom desquelz estes citez.

2 S.　Puysque vous estes inuitez,
Vous ne pouuez prendre excuse ,
Sinon de peur qu'on vous accuse
D'estre de ce mal entaché.

3 S.　Or sus allons , ie suis fasché
De tant cryer et sans vin boire.

1 S.　De cela ie te peux bien croire ,
Car i'ay le gosier alteré.

2 S.　C'est icy par trop demeuré ,
I'ay peur de prendre la pepye.

3 S.　Sus tabourins, que l'on s'emplye ,
De sonner soudain là retraicte.

1 S.　C'est cela que fort ie souhaitte :
Allons nous-en boire d'autant.

ET continuant le troisiéme Dimenche , pour faire la derniere cryée et proclamation , fut tenu l'ordre que s'ensuit : Assauoir , que marchoyent tous ensemble les Abbez du Temple , sainct Michel, sainct George, et sainct Iust, accompagnez de plus de deux cens hommes , habillez le plus diuersement et d'habitz bigearres qu'il est possible de racompter , force tabourins et fiffres en ladicte compagnie. Et ledict iour fut receue et passée la Princesse de la Lanterne , en grand et magnifique triomphe , pres la Platière, là ou les deux costez de la Rue estoyent tous tapissez, auec trompettes , hauts-boys , et autres instrumens , les tables mises tout au long de ladicte Rue : le banquet preparé de toutes sortes de viandes exquises. Et apres auoir ainsi solennellement passée et receue ladicte Princesse , fut passé l'Abbe sainct Vincent audict lieu et place sainct Vincent , où estoit le banquet preparé de mesme , auec force instrumens , et grand compagnie. De là fut par mesme moyen , et à mesme iour passé l'Admiral du Griffon (audict lieu appellé le Griffon, pres les fossez de la Lanterne) qui estoit en fort bon ordre, auec trompettes et autres instrumens, et force feu d'artifice, ayant preparé la collation magnifique pour recevoir ladicte compagnie. Et de là, poursuyuant ledict ordre, fut aussi passé et receu le Conte du Puys Pellu en mesme triomphe et magnificence que les sus nommez, estans en ladicte compagnie les susdictz trois Suppostz, faisans proclamation des Dictons pour la troisiéme fois, dont la teneur s'ensuit.

LE PREMIER SUPPOST.

Gay.

LE SECOND SUPPOST.

Dehet.

LE TROISIÈME SUPPOST.

Tousiours ioyeux.

1 S. Sans estre melancolieux,
   Faut paracheuer nostre faict.

2 S. Pour obuier à tel meffaict,
   Il se faut monstrer courageux.

3 S. Gay.

1 S.   Dehet.

2 S.   Tousiours ioyeux.

3 S. Il nous faut estre curieux,
   R'appeller pour nostre deuoir,
   Tous les Abbez, pour comparoir
   A l'assemblée de bien pres.

1 S. On faict commandement expres
   A vous le bon Abbe du Temple,
   Faire deuoir que l'on contemple
   Comme marchera vostre train.

2 S. Sçauoir on le faict d'vne main,
   A l'Abbe sainct George et sa suytte.

3 S. L'Abbe sainct Michel on inuite
   D'y comparoir en ordonnance.

1 S. De sainct Vincent à la cadance,
   Abbe, ne faillez y venir.

2 S. Il vous en faut bien souuenir,
   L'Abbe sainct Iust, de peur de faute.

3 S. Lon vous appelle à voix haute ,
      Et c'est pour la derniere foys.
1 S. Le Prince , à ce que ie voys ,
      De la Bazoche est endormy.
2 S. S'il ne s'esueille comme amy,
      Pour y marcher , et ses Suppos,
      Poursuiuy sera à propos
      Si long temps qu'il s'en souuiendra.
3 S. De sainct Romain pas ne faudra,
      Cheuallier , se tenir arricre.
1 S. Le Plastre entend bien la maniere
      Comment il se faut gouuerner :
      Parquoy n'est plus besoin sonner
      Le Capitaine et sa sequelle.
2 S. De Bourg-neuf, sus, lon vous appelle,
      Enseigne , faictes voz appres :
      Sinon lon poursuyura de pres
      Pour vous casser entierement.
3 S. De la Lanterne nullement
      N'y faudra la noble Princesse :
      Car elle trauaille sans cesse,
      Pour mettre bon ordre à son cas.
1 S. Sans plus chercher tant d'altercas,
      Gentil Conte de la Fontaine,
      Si ne marchez , chose certaine,
      Vous serez en grand deshonneur.
2 S. Lon a faict tout deuoir d'honneur
      Sommer l'Admiral du Griffon
      Faire comme les autres fon :
      Ou bien on le degradera.
3 S. Ie croy que bien se gardera
      Faillir , de peur de mocquerie,
      A y marcher la Boucherie,
      Selon que l'ordre portera.
1 S. Aussi pas ne differera
      De Rue neufue le bon Baron ,
      Marcher auecque l'escadron
      De ses Gentilz-hommes notables.
2 S. Mieux vaudroit estre à tous les diables,
      Que de receuoir telle honte,
      Si vous n'y marchez , gentil Conte

     Du Puys Pellu auec voz gens.

3 S.   Or sus, soyez tous diligens
     Courir auec le Gentil-homme
     De la rue du Boys, l'on vous somme,
     Ce n'est pas ieu de mocquerie.

1 S.   Noble Dame d'Imprimerie,
     Ie croy que vous n'y faudrez pas,
     Menant pres de vous pas à pas,
     Le bon Seigneur de la Coquille.

2 S.   Le Bourg-chanin desia fretille,
     De faire selon son pouuoir :
     Ie croy qu'il fera bon deuoir
     Du mieux que faire se pourra.

3 S.   De Confort ie croy qu'on verra,
     Quelques Bauards y comparoir.

1 S.   S'ilz ne se mettent en deuoir,
     Ie ne sçay qu'il en aduiendra.

2 S.   Oblier pas ne nous faudra,
     D'appeller le bon Capitaine
     Des Taincturiers, chose certaine
     Qu'il viendra et sa compagnie.

3 S.   Dea, ce seroit grand villenie,
     Laisser à la femme entreprendre,
     De se vouloir à l'homme prendre,
     Et se rendre sur luy maistresse.

1 S.   I'en ay au cueur telle detresse
     Que i'en suis pres qu'à demy mort.

2. S.   Marchans, Bourgeoys, ayez remort :
     Cela vous doit tenir en crainte.

3 S.   Marcher vous y faudra sans faincte,
     De peur d'en estre entaché.

1 S.   Or que nully ne soit fasché,
     L'on vous somme a haute voix,
     Et c'est pour la derniere fois
     Mettez vous en ordre de pres.

2 S.   Craindre ne faut à faire fres,
     Pour punir vn si grand meffaict :
     Autrement le monde est deffaict,
     Et yra san deuant derriere.

3 S.   Ceux qui demeureront arriere
     Seront recogneuz dans huict iours.

1 S. Au plus tard dedans quinze iours,
      Faudra marcher en ordonnance :
      Et pour ce qu'vn chacun s'auance
      De faire faire accoustremens.
2 S. Or sus, sus, sonnez instrumens,
      Car il nous faut par tout courir.
3 S. C'est pour mieux le faict discourir,
      Que nul n'en pretende ignorance.
1 S. Sus tabourins, que lon s'auance,
      De peur de tomber à la nuict.
2 S. Nous auons bien bon saufconduit,
      Mais il se faut retirer d'heure.
3 S. Ne faisons plus icy demeure,
      Allons souper, il en est temps.

Ainsi fut la fin des trois cryées et assignations, baillées pour assembler tous les susdictz Abbez de Mal-gouuert et leurs Suppostz, et eux preparer et tenir prestz, pour marcher au iour de ladicte Cheuauchée. Laquelle fut differée iusques à la venue et entrée qui fut faicte à ma Dame la Duchesse de Nemours en ladicte ville de Lyon en grande magnificence, le Dimenche dernier du moys d'Octobre, Mil cinq cens soixante six. Et depuys, ladicte Cheuauchée fut prolongée iusques au Lundy quatriéme de Novembre, pour la difficulté qui fut lors, pour obuier à ce que les pouures Martyrs, ayans este en telle sorte battuz et mutillez par leurs femmes, ne fussent nommez par noms et surnoms, comme de coustume est de faire ausdictes Cheuauchées. Pour les pourchasz et requestes par eux presentées, tant à Monseigneur le Duc de Nemours, gouuerneur pour sa Maiesté audict Lyon, que à ma Dame la Duchesse sa femme pour son entrée en ladicte ville, et bien venue : Suiuant aussi ce que lesdictz Martyrs en auoyent pourchassé pardeuant monseigneur le President de Birago, Lieutenant audict gouuernement en l'absence dudict Seigneur de Nemours. Au moyen de quoy et par l'aduis du Conseil pour ce tenu, tant des chefz de Iustice que Escheuins de ladicte ville : et pour obuier à scandale desdictz

Martyrs ainsi attainctz et conuaincuz. Fut permis ausdictz Abbez de Mal-gouuert et leurs Suppostz parfaire ladicte Cheuauchée ià ainsi, comme dict est, commencée. A la charge que pour ceste foys tant seulement, et à la requeste des sus nommez, ne leur estoit permis nommer par nom ny surnom aucuns desdictz Martyrs. A quoy ne voulurent iceux differer : rendans tout deuoir d'obeissauce (et comme tenuz ce faire) tant ausdictz Seigneur Gouuerneur, Chefz de Iustice, que à autres Magistratz de ladicte ville. Qui fut cause toutesfoys que lon ne veid à ladicte Cheuauchée, choses de grande importance desià preparées, que lon y eusse veu. Et marcha ledict iour tout l'ordre de ladicte Cheuauchée, comme sensuyt.

Premierement marchoit la compagnie de l'Abbe de saint Vincent, en bon ordre, tous habillez de couleurs verd et blanc. Et au deuant de ladicte compagnie le Porteguydon à cheual habillé de mesme, et audict guydon estoit escrit, *l'Abbe sainct Vincent et sa suytte*. Et apres trompettes, tabourins, et fiffres, habillez de mesmes. Et suiuoyent eu bon ordre quantité de gens à cheual, bien montez, habillez de grandz sayes a mode de Gens-d'armes desdictes couleurs, portans lances à main, auec la Banderolle de mesme, les coutellatz de boys bien contrefaictz : qu'il faisoit fort bon veoir. Après eux les Moynes et Conseillers dudict Abbe, portans tous robbes longues de couleurs verd et blanc, les bonnetz carrez de mesmes : ledict Abbe en bon ordre, portant sa froche et mittre, son Porte-crosse au deuant. Et apres suiuoyent ses Cuisiniers, Sommelliers, Viuandiers, Fauconniers, et autres de son train, en bon equipage et habitz fantasques. Au milieu desquelz étoit conduict vn chariot, où il y auoit vne femme qui battoit son mary à grandz coupz de baston, representant celuy qui auoit este battu de sa femme audict quartier sainct Vincent. Et estoyent en nombre dudict lieu sainct Vincent, enuiron de cent hommes.

Apres suyuoit la compagnie du Conte de la Fontaine,

tous habillez en Egyptiens en fort bon ordre , auec les tabourins et fiffres habillez de mesmes : et au deuant vn Porte-guydon , portant vn affust de teste faict à mode de fontaine , merueilleusement bien faict : estant escrit audict Guydon : LE CONTE DE LA FONTAINE ET SA SUYTTE. Apres grand nombre d'Egyptiens bien montez et richement accoustrez , et portans cappes de taffetaz bleu passementees d'or , d'argent, et de soye de diuerses couleurs , pourpoincts et chausses de mesmes. Portans tous bonnetz rouges garnis de plumes auec force pendans d'or , perles , et autres pierreries , chacun d'eux vn baston en main où estoit pendant vne fontaine en peincture. Et au deuant dudict Conte, qui estoit fort richement en ordre et bien monté , marchoit enuiron vne douzaine de femmes habillées en Egyptiennes, montées sur cheuaux , portans de petitz enfans bien contrefaicts en main : auec les lacquais à pied de mesmes. Menans en leur compagnie vn chariot , où il y auoit une femme qui battoit son mary , luy gettant vne fricassée de trippes au visage , et le frappant outre ce d'vne forchette de boys , appellée une forcolle , representant celuy qui auoit esté ainsi battu audict quartier : et estoyent enuiron de cinquante hommes en ladicte compagnie.

Suyuoit apres la compagnie du Gentil-homme de la rue du Boys , bien monté et en bon ordre , auec tabourins et fiffres. Ladicte compagnie portans tous cappes de taffetas bleu, passementées d'or et d'argent , les bonnetz de mesme façon , portans espées de bois bien contrefaictes. Et au deuant ladicte compagnie vn Porte-guidon , escript en iceluy : *Le Gentil-homme de la rue du Boys , et ses gens.* Et après ledict Gentil-homme qui estoit en fort bon ordre , marchoyent ses Fauconniers , Chasseurs et Veneurs portans et conduysans toutes sortes d'Oyseaux , Chiens et Leuriers. Et outre ce , Coffres à Bahuz , Malles et autres Bagages. Son Cuysinier et Sommelier de mesme , qu'il faisoit bon veoir , auec vn Chariot bragard , où il y auoit vne Femme qui battoit son Mary d'vn gros baston , autrement dict le pied d'vn cheuallet, seruant à un Couroyeur, representant celuy qui se estoit laissé battre à sa femme audict lieu de la rue du Boys, estans enuiron soixante et dix hommes en ladicte compagnie.

Suyuoit apres la compagnie du Capitaine du Plastre, tous habillez en Souysses, des couleurs Blanc, Bleu, et Incarnat, tous à pied en fort bon ordre, l'Enseigne desployée, force tabourins et fiffres, habillez de mesme. Et audeuant de ladicte compagnie vn Porte-guidon à cheual : et audit Guidon estoit escrit, *Le Capitaine du Plastre, et ses Soldatz*, portans tous lesdictz Souysses Hallebardes de bois fort bien contrefaictes à l'antique, les Espées de mesme, le Capitaine etant à Cheual, magnifiquement bien accoustré, et audeuant de luy faisoit conduyre vn petit Garçon, habillé de mesmes couleurs à la Souysse, monté sur vn Cheval, accompaigné de troys Lacquais à pied, habillez de mesme, qu'il faisoit fort bon veoir. Et au dernier de ladicte compagnie trois ou quatre Viuandiers, habillez de mesme, chargez de flascons, bouteilles, et munitions de gueulle : Estans en toute ladicte compagnie enuiron quatre vingtz hommes.

Apres marchoyent ceux de la Boucherie de l'Hospital du Pont du Rosne en bon ordre, et bien montez : le Porte-guidon au deuant d'icelle compagnie, et audict Guydon estoit escrit *La Boucherie de l'Hospital du Pont du Rosne*. Apres tabourins et fiffres qu'il faisoit bon veoir, portans les susdictz en main Lances, et petits Guydons au bout d'icelles, Coutellatz de boys de mesme, faisans conduire auec eux vn Chariot, où il y auoit vne femme qui battoit son Mary d'vne casse frisoire, et d'vn grand couteau, representant celuy qui auoit esté battu de sa femme audict quartier, estans en toute ladicte compagnie environ quarante hommes.

En apres marchoit la compagnie du Conte du Puys Pellu et bon equipage, et tous montez sur Cheuaux et sur Asnes, habillez de noir, et verd : Assauoir grandz

Casacques noires couuertes d'escailles verdes , les Bonnetz
à l'antique de mesme , fiffres et tabourins de mesme , chacun d'iceux portans en main vn Dard , et au bout d'iceluy
vne banderolle où il y auoit vn Puys en peincture, ledit Conte
estoit en fort bon equipage , bien monté , auec quatre Lacquais , habillez en Mores , qu'il faisoit fort bon veoir : Et
au dernier de la compagnie faisoit conduire un Chariot ,
où estoit une femme qui battoit son Mary , luy baillant
d'vne Esguyere d'estain sur la teste , representant celuy
qui auoit esté battu de sa femme audict quartier : estans
en tout enuiron cent hommes.

Apres marchoit la compagnie de l'Abbe du Temple , au
deuant de laquelle compagnie marchoit vn Porte-guydon
à cheual habillé des couleurs, bleu , et blanc ; audict Guydon estoit escrit, *L'Abbe du Temple , et ses Moynes* , tabourins et fiffres de mesmes , et apres suiuoyent les Fauconniers , Viuandiers , Sommeliers et Cuisiniers dudict
Abbe , apres les Moynes et Conseillers d'iceluy en fort
bon ordre , tous habillez de Robbes longues , de couleurs
Bleu et Blanc, les bonnetz carrez de mesme , ledict Abbe
richement accoustré , portant la mittre . et sa froche à
l'antique, et son Porte-crosse au deuant de luy, de mesme.
En ladicte compagnie estoit conduit un Chariot où il y auoit
vne femme qui battoit son Mary , lui baillant grandz
coupz de piedz aux genitoires : et apres grandz coupz de
pierres , representant celuy qui auoit esté battu ainsi de
sa Femme audict quartier du Temple , estans en toute ladicte compagnie enuiron quarante hommes.

Apres suyuoit la compagnie de la Princesse de la Lanterne en grandissime ordre, qu'il faisoit bon veoir, ayant
au deuant de sadicte compagnie vn Porte-guydon habillé
de couleurs Violet, et Blanc , estant escrit audict Guydon:
La Princesse de la Lanterne. Les tabourins et fiffres
habillez de mesmes. Apres marchoit Renommée, richement
accoustrée, portant vne trompe en main , et deux ailes sur
les espaulles : et apres les Gentilz-hommes de ladicte Prin-

cesse bien montez, et en fort bon ordre, habillez des couleurs,
Violet et Blanc, portans chacun d'eux vn baston en main,
et au bout d'iceluy vue Lanterne bien contrefaicte en peincture. Et au deuant de ladicte Prinesse force Damoiselles
a cheual bien ornées, portans chaperons des mesmes
couleurs, auec le cache-nez de mesme. Icelle Princesse
portée sur vn brancquard de lytiere richement aorné,
estant dedans vne grand Lanterne magnifiquement enri-
chie. Lesditz brancquards portez et conduictz par deux
mulletz, et au dessus d'iceux, deux Pages brauement accoustrez, et au deuant desdicts brancquardz, estoit le
banquet de ladicte Princesse porté en grandissime veue,
assauoir de toute sorte de pastisseries magnifiquement bien
faictes, et à sa suitte les Viuandiers, Cuysiniers, et
autres, conduysans son bagage, et au plus pres d'elle
les hautz-boys, viollons et autres instrumens, son Conseil, et autres Gentils-hommes : chose fort agréable à
veoir. Estans en ladicte compagnie enuiron septante
hommes.

En apres marchoit la compagnie de ceux de Rue Mercyere, tous habillez à la Turque, qu'il faisoit fort merueilleusement bon veoir, le Guydon au deuant d'iceux, où
estoit escrit : *La Rue Mercyere.* Estans tous bien montez,
ensemble les tabourins et ioueurs de timballes, habillez de
mesmes, portans Turbans en teste, et les mieux habillez
à la Turque, qu'il est possible de veoir : tenans chacun
d'eux en main vn petit dard de boys bien faict, le syme-
terre de mesme, et au deuant du Capitaine estoit monté
sur un cheual vn petit garson habillé à la Turque, conduict par deux Lacquais de mesmes : iceluy portant vn
petit baston en main, et au bout d'iceluy y auoit vn crois-
sant, chose fort belle à veoir et de fort bonne grace.
estant en toute ladicte compagnie enuiron trente hommes.

Apres marchoit la compagnie du Capitaine des Taincturiers fort merueilleusement bien montez et en bon ordre, le
Porte-guydon au deuant d'icelle, où estoit escrit : *Le Ca-*

pitaine des **Taincturiers** *et ses* **Soldatz** Suyui de trompettes, tabourins et fiffres en fort bon equipage. Estans ladicte compagnie tous armez de corps de cuyrasses, et armetz en teste à l'antique bien contrefaictz, tous dorez et argentez et richement aornez, la cotte au dessouz desdictz corps de cuyrasse iusques au genoil, de tocque d'or, et au deuant dudict Capitaine (lequel estoit en fort bon ordre, et bien monté) tous les susditcz portans en main chacun vne lance, la banderolle au bout d'icelle de blanc et incarnat : et les suyuoyent vne douzeine de Femmes, habillées à la vraye mode de Bresse, les robes de Bureau, le corps soubz l'esselle, le couurechef iaune de mesme, portans chacune d'icelles en main vn grand chapeau de paille, à ladicte mode de Bresse, en forme de Tolache : Et sur le col d'icelles chacune vne peau de Martre fort riche, qu'il faisoit fort sumptueusement bon veoir, et de bonne grace : Estans en toute ladicte compagnie soixante hommes, ou environ, sans lesdictes femmes.

Suyuoit apres la compagnie de l'Abbe sainct George, habillez de violet et blanc en bon ordre, le Guydon au deuant, où estoit ecrit : *L'Abbe sainct George, et sa suytte :* Apres tabourins et fiffres de mesme, et suiuoyent apres les Moynes et Conseillers dudict Abbe vestuz de robbes longues desdictes couleurs, les cornettes rouges au dessus, les bonnetz carrez de mesme, ledict Abbe en fort bon ordre, portant la mittre, vne froche de filetz a pescher poysson : son Porte-crosse au deuant de luy, de mesme, ses Fauconniers, Viuandiers, Pescheurs, Sommeliers, et autres de son train, fort bien accoustrez. Estans en toute ladicte compagnie environ soixante hommes.

Suiuoit apres la compagnie de l'Abbe sainct Iust, tous habillez de Robbes longues des couleurs noir et rouge : au deuant d'icelle compagnie, le Porte-guidon habillé de mesme, audict Guidon estant ecrit : *L'Abbe sainct Iust et son train.* Accompagnez de tabourins et fiffres. Apres lesquelz marchoyent les Moynes dudict Abbe et son

Conseil , vestuz de robbes longues desdictes couleurs : les bonnetz carrez de mesme , qu'il faisoit bon veoir. Ledict Abbe en fort bon ordre , auec sa mittre et sa froche : et au deuant de luy son Porte-crosse de mesme. Apres ses Veneurs , Viuandiers , Cuisiniers et Sommeliers. Estans en tout , enuiron trente hommes.

Et apres suyuoit la compagnie du Cheualier sainct Romain , tous fort bien montez et en bon equipage , habillez de couleurs incarnat et blanc. Au deuant de laquelle compagnie marchoyent les trompettes habillez de mesmes , marchans tous par ordre , habillez de grandz sayes faictz à la mode des hommes d'armes , incarnatz , passementez la pluspart de passemens d'Argent : chose fort riche à veoir. Les chappeaux de soye incarnat , et au tour la cornette de taffetas blanc. Portans chacun en main la lance , peincte de mesme , et au bout d'icelle la banderolle de taffetas incarnat et blanc : le coutelats de boys bien faict de mesme. Et ledict Cheualier en fort bon equipage , faisant mener et conduire au deuant de luy par quatre lacquais deux cheuaux bardez , et richement en ordre , qu'il faisait fort bon veoir. Estans en toute ladicte compagnie quatrevingt hommes , ou enuiron. Et au dernier d'icelle compagnie y auoit vn homme monté sur vn asne , et vne femme apres luy, qui portoit un trenchoir de boys d'vne main , et en l'autre vn grand haste de fer , representant celuy qui auoit ainsi esté battu de sa femme , au lieu et distroict de la iurisdiction dudict Cheualier sainct Romain.

Suyuoit apres la compagnie de l'Admiral du Griffon , marchans tous à pied , et en bon equipage , tabourins et fiffres de mesme : et au deuant d'icelle compagnie vn Porte-guydon , où estoit escrit , *l'Admiral du Griffon*. La plus part d'iceux portans hallebardes de boys bien contrefaictes , les autres dardz bien contrefaictz , et coutelatz de boys de mesme. Ledict Admiral estant au milieu de sadicte compagnie dedans vne Gallere fort bien contrefaicte , portée sur vng chariot à quatre roues , les trompettes au deuant de luy : ladite Gallere fort bien atrinquée de toutes choses necessaires à vne Gallere, comme voylles, gabye, rames, et autres atours. Toute ladicte Gallere garnie de guydon et penonceaux de plusieurs armoyries de diuerses couleurs, et au dedans d'icelle force feu d'artifice : petars et petites pieces d'artillerie contrefaictes : chose esmerueillable à veoir. Et au deuant de Monseigneur de Nemours et sa compagnie et autres lieux et places de ladicte ville, se faisoit gros bruit sortant de ladicte Gallere, par le moyen desdictz feuz d'artifice. Tellement que quelquefoys sembloit le tout estre en feu : chose de fort bonne grace. Estans enuiron de ladicte compagnie soixante et dix hommes.

Suyuoit apres la compagnie du Baron de Rue neufue, tous bien montez, et en fort bon equipage : accompagnez de trompettes, tabourins, et fiffres brauement accoustrez. Le Porte-guydon au deuant, bien monté, habillé de tocque d'argent en façon de casaque, le bonnet de mesme : et estoit escrit audict Guydon : *le Baron de Rue neufue et ses gens*. Tous lesquelz suiuoyent en bon ordre, habillez desdictes casaques de tocque d'argent, les bonnetz à l'antique de mesme : portans chacun la lance en main, les banderolles de mesme, auec coutelatz de boys bien contrefaicts : chose qu'il faisoit fort bon veoir. Ledict Baron au milieu de sadicte compagnie fort richement accoustré, et bien monté. Et apres sadicte compagnie estoient conduycts deux chariotz, où il y auoit deux femmes qui battoyent leurs marys, l'vne auec grands coups d'vn couppon de boys sur la teste, luy arrachant la barbe : et l'autre ruant force caillous à sondict mary, apres l'auoir battu d'vn gros baston : representans ceux qui ainsi s'estoyent laissé battre à leurs femmes. Estans enuiron en tout de cent hommes.

Apres suyuoit la DAME IMPRIMERIE, le Seigneur de la Coquille, et leurs Suppostz, en fort bon ordre, tous montez lesdicts Suppostz sur asnes, resentans au vray leur Cheuauchée : habillez des couleurs iaune, rouge, et verd, auec habitz les plus fantasques et bonnetz de mesme, qu'il est possible de veoir. Marchant au deuant de ladicte compagnie le Porte-guydon richement habillé desdictes couleurs, portant vn Guydon verd, auquel d'vn costé estoit une Coquille d'Or, et de l'autre en grandes lettres d'Or : *L'IMPRIMERIE ET SES SVPPOSTZ :* les tabourins et fiffres habillez de mesmes couleurs. Lesdictz suppostz portans en mains chacun vne Ancre de boys bien contrefaicte, peincte de couleur verde, rouge et iaune, à chacune desdictes Ancres y auoit certaines diuises imprimées, en Latin et en François : chose de fort bonne grace, et bon sens. Apres eux, estoient lesdictz trois Supposts brauement accoustrez desdictes couleurs iaune, rouge, et verd : disans les Dictons par tous les lieux accoustumez en langaige Lyonnoys, qu'il faisoit fort bon ouyr : Dont la teneur s'ensuyt :

LE PREMIER SUPPOST.

Aprochy vou.

LE SECOND SUPPOST.

Tyry vo pré.

LE TROISIÈME SUPPOST.

Ie vou pryo no zecuta.

1 S. Nou nó son ycy arresta
Per vou conta notron afere.

2 S. Ma fey son eusse lessia fere,
On lou eusse nomma de pré.

3 S. Aprochy vou.

1 S. Tyry vou pré.

2 S. Ie vou pryo no zecuta.

3 S. E ne fau plu nigon flata,
Dizon tou cen que nou sçanon.

1 S. Ie te prometo que iauon
De terrible chose à dire.

2 S. Sainct Ian é ne fau pas tou dire,
E vau mieu vn pou recula.

3 S. Eyet assé quarquauella,
Depéchon nou, e yet totun.

1 S.   Lau nomeran nou a cha vn ?

2 S.   Mardy non , eyet défendu ,
      De pau d'étre repry de visso.

3 S.   E faudryt que ieu ecriuisso
      Per v donna mieu a entendre.

1 S.   Eyet ben esia à comprendre ,
      Tou lou mondo nest abreua.

2 S.   Eyct tout assé ben proua ,
      Mé e n'est ma que ben n'en vene.

3 S.   A cela fin qu'on sen souuene ,
      Son tauet frapa d'vn tranchu ,
      Ne sery ty pas ben fachu ,
      E puy d'vn gran Ato de fer ?

1 S.   Iamerin mieu estre en enfer ,
      Vque iamais ne fusso eu plassy.

2 S.   Et son tavet frapa de la cassy ,
      Et de la fricassia su la fassy
      Et puy à gran cou de cuteau ,
      Te fére sorty ben et beau ,
      Iusque defour de la maison ,
      Seryt tey pa bella reison ?

3 S.   Et son t'auet frappa à plein
      Atou vn éguiry d'etain ,
      Et t'en bailly su lo cerueau ,
      Qu'on tusse tomba comen vn veau :
      Nen sery tu pa ben marry ?

1 S.   Et tey son tallaue fery
      D'vn quarty de pan v visageo ,
      É puy quantequan per vtrageo
      D'vna sella dessu la téta ,
      Ne sery tey pa bella féta ?
      Ie crey qué te fary ben ma.

2 S.   Veremen Dieu te garde ma ,
      Te me conte de gran nouueau.

3 S.   Et son tauet battu sen cuteau
      Auoy lo py d'vn cheualet
      De coureyeu , commen vn valet ,
      Ty prendry gran pleisy , ie crey.

1 S.   Acuta , di mey per ta fey ,
      Son tauet frappa y coullion ,

Si gran du py , qu'à reculon
On tusse faict tomba par terra
Et puy quon tusse fet la guerra
Te gettant à forcy calliou ,
En riré tu ben tou ton sou ?

2 S. Ma fey non : ie serin ben fou :
Mé son tauet getta v visageo ,
Vn plat de fricassia , ie gageo
Que ten sery ben fort marry :
Et puy qu'on tusse fet coury
A tou gran cou d'vna forcola.

3 S. Iamerin mieu estre à l'ecola.
Et son tauet bailla d'vn coppon ,
Dessus la testa si perfon ,
Qu'on tusse quasy endormy ,
Qu'en diretu, mon bel amy ?
Quantequant tarrachy la barba :
Ie cudo ben per saincti Barba ,
Que te ne sery pa trop gucy.

1 S. Son tauet my deuer lo sey
Four de la maison en chemisi,
Et que t'usse endura la bizy,
Et estre battu d'vn baton
A ton auy qu'en diret-on ?
Nen sery tu pa ben facha ?

2 S. Quezon nou , eyet prou prescha ,
A bon entendu demy mot.

3 S. Per me fey é son de gran sot ,
D'endura celle diablery.

1 S. On lau deuret ben mieu fery ,
Puy qui lu voulon endura.

2 S. E nou faut lo fait auera ,
Deuant que de plu ren parla ,
De celau qu'on a appella
Que deuian veny compareitre :
On leu donnera à concytre
Quaque iour per vey que sera.

3 S. De Bourneu , iames ne sera
Qu'on ne sen souuene , ma fey.

1 S. Quant à la Bazochy, ie crey
Que lo Prinso est ben malado.

2 S. Per ma fey i'ey lo cour ben fado ;
      Alon beyre car ie me facho.
3 S. Votu sauey à quey ie tacho?
      Que nou zalan vito soppa.
1 S. Ie crey se ie puy attrappa
      Quaque verro plen de bon vin,
      Que ne me faudra poin d'engin,
      Per m'eydy à ben l'aualla.
2 S. Ie n'ey garda de reculla
      Non plu que tey, allon nozen.
3 S. G'iray plu vito que lo ven,
      De pau de prendre la pipy.
1 S. Aussitou à cheueau qu'à py,
      Ie te suyurey per alla beyre.
2 S. Se vou no voly tretau creyre,
      Dona vo garde de tomba
      V. per lo men d'estre eniamba
      Comen son lau pouro marty.
3 S. Ie vou ney voulu auerty
      Deuant que vou dire bon sey.
1 S. Nou nozen van, car nou zan sey.
      Eyet asse charamella.

Apres lesdicts Ioueurs de Dictons, et au deuant du Seigneur de la Coquille, chef des Suppostz de ladicte Imprimerie, marchoyt vne femme à cheual, richement en ordre, estant masquée, portant en main vne haute quenoille bien accoustrée, garnye de fleurs. Au deuant d'icelle vn Lacquais en bon ordre, portant vne boitte peinte de couleur verde. Au dedans y auoit des petits papiers en roulleau, que ladicte femme donnoit par la ville : et estoit escrit en iceux : *Fleur de quenoille pour chastier les hommes.* Et suivoyent apres quatre Drolles magnifiques et hauts comme Geans, habillez desdictes couleurs iaune, rouge, et verd : sans aucune aparoissance de bras, chose fort monstrueuse. Apres vn autre Drolle à cheual d'autre façon, toutesfois habillé de mesmes couleurs, ayant le visage et affus de teste le plus difforme que possible est de veoir,

auec grands plumes de paons à l'entour de son Chappeau,
portant vne Lance en main, où estoit le Guydon dudict
seigneur de la Coquille, estant iceluy de taffetas rouge, et
au milieu d'iceluy vn grand V verd, et au dedans d'iceluy
V, estoit escrit en lettres d'Or, *ESPOIR DE MIEVX.*
Ledict Seigneur de la Coquille, marchant apres en fort
bon ordre, bien monté, et richement accoustré desdictes
couleurs iaune, rouge, et verd : tenant en sa main vn
baston peinct desdictes couleurs : Portant vne espée de
boys, contrefaicte, à ondes, escrit en icelle en lettre
d'argent : *Dissipabit impios Rex*, auec l'affutz de teste
richement aorné. Et apres luy suyuoyent dix ioueurs d'instrumens, à sçauoir, haut-boys, cornemuses, et petitz tabourins à une main : tous habillez desdictes couleurs,
chose fort amoureuse à ouyr : apres lesquelz suyuoit vne
Femme à cheual, richement accoustrée, estant masquée
comme la dessus dicte : portant en main vn estandart,
où estoit depeinct vne Sphere (dicte communement Es-
pere). Au deuant d'elle, vn Lacquais brauement en ordre,
qui portoit un coffre en main remply de huictains imprimez qui se donnoyent au nom dudict Seigneur de la
Coquille, dont la teneur s'ensuit :

> Amy Lecteur, en ceste drolerie,
> Contemple vng peu ces habitz tant diuers,
> Et tu verras qu'en nostre resuerie,
> On trouuera certains espritz ouuers.
> Noz corps sont gros, et grossement couuertz :
> Ce nonobstant soubz occulte poësie,
> Encor que soit à tort et à trauers,
> Verité est apperceue et choysie.

Apres laquelle suyuoit *MINERVE* la Mere d'Imprimerie et Déesse de sçauoir, montée sur les branquars
d'vne lytiere richement aornée desdictes couleurs, assize
dans vne chaire richement parée, bien revestue desdictes
couleurs iaune, rouge, et verd. Et sur lesdictz cheuaux

portans lesdictz branquars , estoit monté sur le premier
vn Lyon de grand veüe , et aupres du naturel bien contrefaict. Et sur le dernier vn grand Dragon , aussi fort bien
contrefaict , et de grandissime veuë. Tenant ladicte Mere
Imprimerie vne Sphere à la main , couuerte d'vn voyle de
crespe blanc : chose fort somptueuse à veoir. Estans en
toute ladicte compagnie d'Imprimerie, enuiron de soixante
hommes.

Apres marchoit la compagnie de l'Abbe sainct Michel ,
auec sa suitte , son Guydon au deuant , accompagne de
tabourins et fiffres : Audict Guydon escrit , *l'Abbe sainct
Michel et ses Moynes*. Habillez tous de robes longues de
couleur bleue , montez sur asnes , portans bonnetz carrez,
de mesme : ledict Abbe portant vne mittre de couleur
rouge , sa froche d'vng fillé à pescher poissons, son Porte-
crosse de mesmes , ses Sommelliers , Viuandiers, et Fauconniers : estans en tout enuiron de trente hommes.

Et pour les derniers et fin de ladicte Cheuauchée
marchoit la Iustice desdictes Abbayes de Mal-gouvert. Au
deuant d'icelle vng Porte-guydon de couleur gris et noir,
où estoit escrit, *le Iuge du Bourgchanyn et sa suitte*.
Suyvi des tabourins et fiffres habillez de mesme. Apres
marchoyent les Aduocatz habillez de Robbes longues ,
de couleur rouge , bordées de blanc : les hauts bonnetz à
l'antique de mesme , fourrez de penne blanche : portans
chacuns la cornette verde sur le col. Tous montez sus
asnes , la housse de mesme , resentans fort bien la Cheuauchée de l'asne , et Iustice dudict Mal-gouvert. Ayans
chacun desdictz Aduocats sur l'espaule gauche vne bride
de cheual auec le mords en peincture , fort bien contrefaict. Apres eux suyuoit vn chariot remply de force liures
et sacs de proces : vn desdictz Conseillers estant dedans
ledict chariot, qui ne cessoit fueilleter lesdicts liures et
sacz. Et apres suyuoient le Iuge , et ses Conseillers habillez de robbes longues de couleur violet , bordées de
blanc , les hautz bonnetz fourrez de mesme, portans sur

l'espaule chacun d'iceux vn chapperon à bourrellet, à
mode d'vne Court de Parlement : lesdictz chapperons
fourrez par le bort, et sur iceux chapperons estoit de
mesme peinct vne bride de cheual auec le mords, bien
faicte au possible, qui estoit de fort bonne grace, et
merueilleusement ioyeux à veoir. Que fut la fin de l'ordre
tenu en ladicte Cheuauchée, ou ledict iour (par la grace
de Dieu), ayans beau temps, et entre telle et si grande
compagnie et assemblée de peuple, n'y eut oncques que-
relle ny parolle fascheuse ny en faictz, ny en dictz aucuns scandalles. Et ne fut tout ledict iour question que
de plaisir, ioye, solas et recreation. Dont Dieu soit a
iamais loué eternellement. Amen.

S'ensuit l'exposition des Drolles, marchans deuant
ledict Seigneur de la Coquille, à l'occasion
desquelles estoyent baillez les susdictz
Huictains imprimez.

Est à noter que comme lesdictes Drolles sont ainsi
nommées, pour la dissimulation de leurs corps, et habitz
si estranges, comme de chose monstrueuse et admirable :
Elles representoyent les hommes qui contre l'ordonnance
de Dieu, et deuoir de Nature se laissent ainsi battre, mu-
tiller et subjuguer à leurs femmes. Car il n'est chose plus
monstrueuse, ny de plus grande drollerie, que de voir
l'homme ainsi abbaissé et estre soubz la main et obeissance
de la femme. Et n'est possible veoir Drolles, ny autres
animaux, plus monstrueux, que sont lesdictz hommes
endurans tels meffaictz, indignes de porter ledict nom
d'Homme.

ET quant aux Compagnons Imprimeurs qui portoyent
chacuns d'eux vne Ancre en main : Est signifié que tout
ainsi que l'Ancre tient la Nauire en raison au milieu de la
Mer, encore qu'elle soit impetueusement agitée des yndes,
par les furies des ventz d'Aquilon, nonobstant ce ladicte

Nauire demeure ferme, stable et sans varier. Ce qui à esté faict par ce peu de bons Compagnons Imprimeurs qui sont encore à present en ladicte ville : sans auoir rien changé ny en leur Art, ny en leur Religion, et esperent faire de mieux en mieux, moyennant la grace de Dieu.

ET quant à la Mere Imprimerie nommée *MINERVE*, Mere de science, qui portoit vne Sphere en la main, couuerte d'vng voyle, est entendu : que tout ainsi que tout vray et bon sçauoir est encore à present par les nuées qui courent par le monde, occultement caché, soubz toutesfois bien peu de couuerture : ainsi son desir sera à plain esclarci et mis en apparence, quand Dieu par sa grace l'aura permis.

ET quant aux Aduocats, Conseillers, et Iuges desdictes Abbayes de Mal-gouvert, la bride et mords par eux portée sur l'espaule, signifie que tout ainsi que la bride accompagnée du mords est pour dompter et tenir le cheual en raison : aussi est entendu que par la Iustice tout le populas doit estre tenu en raison, et comme par deuoir par icelle estre dompté : pour conseruer et tenir en bride et raison les malins, a l'encontre des bons, rendant à vn chacun le deuoir. Et sans ladicte bride tout iroit à rebours : tout ainsi que le cheual sans bride ny mords va où bon luy semble.

Et le lendemain Mardy cinquieme dudict moys et an, fut faict le baptizé d'vn beau fils, que la Femme du Chevalier sainct Romain auoit faict, par la grace de Dieu, le soir de ladicte Cheuauchée : et pour Compere dudict enfant, fut mandé ledict Seigneur de la Coquille, chef desdictz Suppostz de l'Imprimerie : lequel ayant accepté l'honneur à luy presenté de la part dudict Cheualier de sainct Romain, porta ledict enfant baptizer, où fut tenu l'ordre que s'ensuit :

Premierement marchoit l'Abbe du Temple et son train, tous à cheual : le suyuoit apres le Conte du Puys Pellu et sa compagnie : apres l'Admiral du Griffon et ses soldatz :

apres le Baron de Rue neufue et sa suitte : suyuoit apres la Princesse de la Lanterne , et partie de ses Gentilz-hommes et Damoiselles : la compagnie dudict Cheualier de sainct Romain : et apres les Suppostz dudict Seigneur de la Coquille , quatre Drolles à cheual fort fantasques : et ledict Seigneur de la Coquille bien monté , accompagné de certains Gentilz-hommes en bon ordre , tous reuestus des mesmes habitz qu'ils portoyent ledict iour de la Cheuauchée , le petit enfant porté par ledict Seigneur de la Coquille , estant à cheual : iceluy enfant reposé sur vn oreillier riche , le drap et crespe de grandissime impor-tance , et le plus riche qu'il est possible de veoir : toute ladicte compagnie marchant en bon ordre , accompagnez de trompettes , tabourins , et fiffres auec grande compagnie et suitte de Dames , Damoiselles , et autre menu peuple. Et fut iceluy enfant ainsi porté baptizer à l'Eglise nom-mée sainct Romain , au derriere de la grande Eglise cathedrale S. Iean de Lyon. Et pource qu'il estoit filz d'vn Cheualier , luy fut mis le nom d'vn des Cheualiers plus preux , valeureux , et bien renommez , que les escritz nous puissent faire entendre : Asçavoir , *Roland.* Et au retour dudict baptizé , la collation brauement preparée de toutes sortes de viandes exquises sur tables pour ce dressées à la rue , au deuant la maison dudict Seigneur Cheualier S. Romain à tous allans et venans. Et n'eut esté la diuersité du temps qui se changea en pluye sur le soir , eust esté ledict baptizé plus magnifiquement solemnizé. Qui a esté la fin de toute la Cheuauchée , apres en icelle par la grace de Dieu auoir passé le temps sans scandalle , ny trouble aucun : ains tout passetemps et recreation d'Esprit , ayans fait baptizer un beau Filz : auquel Dieu vueille prester en santé longue vie , pour souuenance de la reception du Sacrement de Baptesme , ainsi solemnellement ledict iour receu par la grace de Dieu , qui en soit à iamais loué eternellement. Ainsi soit il.

A L'HONNEVR DE

la Mere Imprimerie , du Seigneur de la Coquil-
le , et ses Sup-
postz :

ANDRE HERCVLES.

LORS que Lyon receut en grand lyesse ,
Le beau plaisir de diuers mouuemens ,
Qui est escrit proprement , et d'adresse ,
Plain de bons sens , et de mains ornemens :
L'Ancre marchoit auec ses paremens ,
Et le Seigneur de la Coquille gente ,
Qui ses suppostz guidoit de mesme sente ;
Pour demonstrer que Minerue d'honneur
Reluyt si fort , en clarté vehemente ,
Qu'elle tient lieu et place de Seigneur.

FIN.

GLOSSAIRE. [1]

***

Abbé. Il est facile de reconnaître par quelle analogie le titre *d'abbé* se trouve appliqué, dans cet opuscule, au chef d'une compagnie de gens de plaisir. Dans ce siècle où les institutions religieuses occupaient une si grande place dans l'organisation de la société, ce mot devait se présenter le premier à l'idée pour indiquer un personnage chargé de diriger les autres. Voy. Mal-gouvert.

Accovstrez, habillés. Ce mot est vieux, mais il s'emploie encore quelquefois dans le langage familier.

Affvst de teste, ornement de tête ; mot tout-à-fait hors d'usage dans ce sens, qui, du reste, était figuré. On dit encore *l'affût* d'un canon.

Appert. *Il appert* ; il est évident, il est notoire, du vieux mot français *apparoir*, qui vient du latin *apparere, apparet*. On a d'abord écrit, *il appairt*. Ce mot fait encore partie de notre langue judiciaire, souvent un peu surannée.

Armet. Espèce de petit casque ancien, sans visière. On connaît la plaisante méprise de l'ingénieux chevalier de la Manche, qui prit un plat à barbe pour *l'armet de Mambrin*.

Arneschez - vovs, mot patois, pour harnachez-vous, habillez-vous. Le verbe *harnacher* ne s'applique régulièrement qu'au cheval ; dans le langage familier on l'emploie quelquefois en parlant des personnes, mais toujours en mauvaise part. « Cette femme est harnachée comme il plaît à Dieu » *Richelet*. Dans notre ancienne langue française, les mots *hernois, harnex, harnas*, etc., signifiaient armure complète, meuble, ornemens, etc.

Ato, mot patois. *Ato* de fer, instrument de fer.

---

[1] Ce Glossaire ne contient pas tous les mots employés dans la Chevauchée de l'Asne, qui ont cessé d'être usités, ou qui appartiennent au patois de Lyon, mais seulement ceux de ces mots qui peuvent être difficiles à comprendre. Nous y avons aussi placé quelques notes sur les anciens usages ou sur d'autres points auxquels l'ouvrage fait allusion, destinées en partie à compléter ce que nous avons dit dans l'avant-propos.

Atrinqué, mot patois ; pourvu , garni. Ce mot ne se trouve dans aucun dictionnaire.

Avtant. *Boire d'autant.* Locution très-familière aux vieux écrivains français , et surtout à Rabelais. Il n'est pas facile de déterminer la raison grammaticale de cette expression. On pourrait croire cependant qu'elle a tiré son origine de l'usage , beaucoup plus commun autrefois qu'aujourd'hui, de porter des santés dans les repas. Un convive portait la santé d'un autre , *à la charge d'autant* par celui-ci : or, comme beaucoup de santés pareilles pouvaient être portées dans un même repas , l'expression *boire d'autant* a pu facilement signifier par la suite *boire beaucoup.* Nous donnons cette étymologie pour ce qu'elle vaut, sans prétendre qu'elle résolve complètement la difficulté ; mais du moins cette explication nous a paru assez naturelle. Le Duchat paraît avoir entendu cette locution de la même manière. Voy. le Dictionnaire étymologique de Ménage, édition de Paris , 1750 , au mot *Autant.*

Bazoche. On désignait autrefois par ce mot la réunion des clercs du palais, qui formaient une espèce de corporation judiciaire d'un ordre inférieur , laquelle avait ses statuts particuliers, ses priviléges et une sorte de juridiction. Le chef de la *Bazoche* portait indifféremment le titre de *prince* , de *roi*, ou de *chancelier.* Il nous reste un poëme latin manuscrit de Pierre Girinet , trésorier de notre ancienne église de St Etienne et oncle de Papyre Masson , sur l'élection d'un roi de la *Bazoche* de Lyon, nommé Pierre Gauthier, dans le seizième siècle. Le P. de Colonia , *Hist. litt. de Lyon*, II , 577 et suiv. , a cité quelques fragmens de ce poëme qui, sous plus d'un rapport , mériterait d'être imprimé en entier.

Bigearre, bigarré, de *variegatus.* Le mot *bizarre* a la même origine.

Bragard , vieux mot de la langue d'Oc , qui signifiait riche, orné , magnifique , joli , etc. Le mot *Bragard* , selon Nicod, a aussi signifié un homme propre en habits , c'est-à-dire recherché dans sa toilette. On disait autrefois proverbialement les *Bragards* d'Angers.

Bravement, richement. *Bravement accoustrez* , magnifiquement habillés. Ce mot et son adjectif *brave* ne s'emploient presque plus dans cette acception , si ce n'est parmi le peuple de Lyon et des environs.

CACHE-NEZ. Dans le seizième siècle, les femmes de qualité et même les bourgeoises portaient un petit masque de velours, dans lequel on pratiquait un nez et des yeux. Sous le règne de Louis XIV, ces masques portaient le nom de *loup*. Dans les x.e et xi.e siècles, les casques des soldats avaient ce qu'on appelle un *cache-nez*.

CHARAMELLA, ou CARAMELLA, jouer du chalumeau. Au figuré, babiller, bavarder, dire des riens, des billevesées. En languedocien, *caramel*, *caramelo*, signifie chalumeau. On disait aussi autrefois *chalemeller*, dans le même sens. Dans tous ces mots, il est aisé de retrouver le mot latin *calamus*.

CASSE-FRISOIRE, mot patois, poêle à frire. *Casse* dérive du latin *capsa*, d'où vient aussi *casserole*. Il existe à Lyon une rue appelée *Casse-froide*, près de la boucherie des Terreaux.

CHEVAVCHÉE, suite de gens à cheval, du mot de basse latinité *cavalcata*, dont l'ancien mot latin *caballus* est la racine.

COFFRES A BAHVZ. Nous pensons qu'il y a ici une faute d'impression dans l'édition originale, et qu'il faut lire *coffres et bahuz*, ce dernier mot signifiant la même chose que le premier. «Bahut, dit Richelet, coffre couvert de cuir et garni de clous. Ce mot est vieux et ne se dit plus. »

CONFORT. *Bavards de Confort.* On désignait par ce surnom les oisifs qui se réunissaient sur la place Confort, aujourd'hui place des Jacobins, pour y débiter, dit le Duchat, de ces sornettes qu'autrefois on nommait *baves*. Rabelais parle des *bavards de Confort*, II, 12. Le nom que portait cette place et que porte encore une rue qui y aboutit, vient de ce qu'il s'y trouvait une chapelle dédiée à la Sainte-Vierge, dite Notre-Dame de Confort, *Domina nostra confortatrix*.

CONTREFAITS, imités. Ce mot ne s'emploie plus dans ce sens au participe, mais on dit encore *contrefaire quelqu'un*, pour signifier *imiter ses manières pour le tourner en ridicule*.

COQVILLE, Terme d'imprimerie. « Une coquille est le placement d'une lettre dans un cassetin qui lui est étranger. On donne aussi ce nom à toute faute qui consiste dans la substitution d'une lettre à une autre, mais plus particulièrement à l'égard de celles qui ont quelque similitude entre elles, comme un *p* pour un *d*, un *n* pour un *u*, un *c* pour un *e*. » (Manuel de l'imprimeur). On devine facilement pourquoi le chef de la corporation des imprimeurs porte ici le nom de *seigneur de la Coquille*.

CORNETTE. Ce mot désigne ordinairement une sorte de coiffure, mais souvent aussi il sert à indiquer le devant du chaperon et le ruban qui l'attachait sous le menton. (Roquefort, *Gloss. de la lang. rom.*)

CVDO, mot patois, je cuide, du vieux verbe *cuider*, croire.

DEFOVR, mot patois, dehors. On dit en languedocien, *deforo*; on reconnaît ici le mot latin *foras*.

DEHET, interjection qui marque ordinairement la tristesse, mais qui sert ici à exprimer la joie.

DERNIER (AU), à la suite, comme s'il y avait, *au dernier rang*.

DISTROICT, district, ressort, du latin *districtus*, comme *estroict*, de *strictus*.

DICTONS. Le mot *dicton* signifie récit d'une aventure, harangue, vers, conte, fabliau. Ici il indique une espèce de scène burlesque que l'on peut comparer aux parades de nos bateleurs.

DROLLE, laquais, valet. Dans cet opuscule le mot *drolles* paraît indiquer des personnages masqués et déguisés. Dans le patois langue-docien, le mot *droullet* signifie un jeune garçon ; *droulleto*, une jeune fille. Le mot *drole*, par lequel on désignait autrefois un plaisant, un homme facétieux, ne s'emploie plus aujourd'hui qu'en mauvaise part.

EMPLYE (QVE L'ON S'), que l'on s'emploie, que l'on s'occupe. Le verbe *s'emplyer* se trouve dans Nicod.

ENGIN, machine.

ENTENDV, mot patois, pour *entendeur*. *A bon entendu demy-mot*, à bon entendeur il ne faut qu'un demi-mot ; expression pro-verbiale qui s'est conservée jusqu'à nos jours.

ESGVYERE, aiguière, du patois *aigue*, eau.

FANTASQVES, bizarres, de fantaisie, extraordinaires. *Bastons fantasques*, bâtons de forme singulière.

FAVDRA, futur de l'ancien verbe *faillir*, manquer. Notre imper-sonnel *il faut*, appartient au même verbe, ou au verbe *falloir*, dont quelques tempsse confondaient avec ceux de *faillir*.

FONTAINE (LA). Nous ignorons où était situé le quartier *de la Fontaine*, qui fournit à la Chevauchée un capitaine portant le titre de *Conte* (Comte).

FORCOLE, petite fourche, du latin *furcula*.

FRETILLER. Ce verbe, qui n'est plus que neutre, a un sens actif dans ce vers : *Quoique l'enuie la fretille*.

FROCHE. Nous n'avons trouvé ce mot dans aucun dictionnaire. C'est une expression qui a sans doute la même origine que le mot *froc*, et qui paraît signifier une espèce de vêtement qui se mettait par dessus les autres, semblable à une aube ou à un rochet comme en portent les ecclésiastiques, puisqu'il faisait partie du costume des moines de l'abbaye de Mal-gouvert.

GABYE ou GABIE, terme de Marine. On désigne par ce nom la hune qui est au haut d'un mât, du mot italien *Gabbia*, qui signifie *cage*

GARGATTE, mot de l'ancienne langue romance, le gosier, la gorge.

HASTE, broche, du latin *hasta*.

LANTERNE. Dans ces sortes de fêtes, le quartier *de la Lanterne* élisait une princesse, que l'on avait soin de choisir parmi les dames les plus distinguées de la ville, et qu'on habillait magnifiquement. La ville finissait autrefois à la boucherie des Terreaux, où se trouvaient les *fossés*, les murs et la porte *de la Lanterne*. La rue *Lanterne* qui vient aboutir en cet endroit, a pris de là son nom.

LESSE, liberté, licence, du latin *laxare*, *laxatio*. On disait aussi *laisse*.

MA, mal. *E n'est* ma *que ben n'en viene ;* il n'est mal que bien n'en vienne. Locution proverbiale.

MAL-GOVVERT. *L'abbaye de Mal-gouvert* était le nom par lequel on désignait une association ou corporation de jeunes gens qui semblaient avoir fait vœu de se consacrer tout entiers au plaisir, à la dissipation et souvent même à la débauche. Les associations de ce genre étaient fort communes dans les quinzième et seizième siècles, et il en existait encore quelques-unes à l'époque de la révolution. Le nom *d'abbés*, que ces compagnies donnaient à leurs chefs, était, comme il est aisé de s'en apercevoir, une parodie peu convenable du titre que portaient les supérieurs des ordres religieux. Il y avait, selon les localités, des *abbés des cornards*, des *abbés des fous*, des *abbés des sots*, des *abbés de la jeunesse*, et ces noms différens se donnaient à des corporations du même genre. Quant au nom de *Mal-gouvert*, il n'est pas difficile d'en reconnaître l'origine et la signification. L'abbaye de *Mal-gouvert* était l'abbaye des *mal gouvernés*. Au reste, le nom et la chose n'étaient pas particuliers à la ville de Lyon. Le Dauphiné, la Bresse avaient aussi leurs abbés de *Mal-gouvert*. On élisait, tous les ans, un abbé de ce nom à Aix en Provence, et Rhodez a eu également un abbé de la *Mal-gouverne*. L'origine de ces réunions de plaisir remonte à une haute antiquité, et l'on peut croire avec raison qu'elles ne sont qu'un reste des usages du paganisme. Les désordres auxquels se livraient souvent les *moines* de l'abbaye de *Mal-gouvert*, rappelaient assez exactement les bacchanales, et l'autorité fut souvent obligée d'intervenir pour les réprimer. On créait à Lyon plusieurs abbés de Mal-gouvert ; du moins y en avait-il cinq dans la *Chevauchée* de 1566, savoir les abbés *du Temple*, *de S. Michel*, *de S. Vincent*, *de S. George et de S. Just*, qui prenaient leurs noms des quartiers auxquels ils appartenaient.

Quant aux autres personnages faisant partie de la chevauchée et y jouant un rôle, au nombre de 1100 à 1200, ils appartenaient également aux divers quartiers de la ville de Lyon, qui était, comme on le sait, divisée en trente-sept pennonages, réduits plus tard à vingt-huit, formant des espèces de compagnies militaires qui marchaient aux fêtes publiques, chacune sous une bannière particulière (ou pennon) et qui avaient chacune leur capitaine, leur lieutenant et leur enseigne. Peut-être étaient-ce les officiers et les autres membres de cette milice qui figuraient dans la *Chevauchée* qui est l'objet de cet opuscule. Quelques-uns d'entre les chefs de ces joyeux bataillons y portent un titre particulier, comme celui de *baron*, de *comte*, de *gentilhomme*, etc.

En admettant que l'autorité municipale eût consenti que les pennonages fussent les acteurs de cette fête donnée en l'honneur de la femme du gouverneur de la ville, les dénominations que nous venons d'indiquer, feraient supposer que ces compagnies auraient été originairement commandées par des chefs nobles, distingués par les titres de leur rang.

Les dignitaires de ce genre qui présidaient à la singulière cérémonie décrite dans ce petit ouvrage, sont le Chevalier de Saint Romain ; la Princesse de la Lanterne ; les Comtes du Puys-Pellu et de la Fontaine ; l'Admiral du Griffon ; le Baron de la rue Neufye ; le Gentilhomme de la rue du Bois ; l'Enseigne de Bourg-neuf ; le Seigneur de la Coquille ; le Porte-guidon de la Boucherie ; le Capitaine du Plastre ; le Capitaine des Teinturiers ; le Juge de Bourg-Chanin , et l'Enseigne de la rue Mercière.

MANTEAV. *Tel fait pend à vostre manteau* , expression proverbiale. Nous disons aujourd'hui : Autant vous en pend à l'oreille.

MYNCE , lâche.

NIGON , mot patois , nul , personne.

NVLLY , NVLVY , nul , personne , du latin *nullus*.

PASSEMENTÉ , gallonné , brodé.

PENNE , plume , du latin *penna*.

PENONCEAVX ou *Pannonceaux* , espèce de bannière. Par suite , on étendit le nom de pannonceaux aux écussons d'armes ou d'armoiries. Le mot *pennon* ou *penon* a la même signification et la même origine , *pannus* , qui , en latin , signifie *morceau de drap*. Avant la révolution , la ville de Lyon était divisée en trente-sept quartiers , qu'on nommait *Pennonages* ou *Penonages* , et leurs chefs *Capitaines pennons* ou *penons*. (Roquefort , *Gloss. de la lang. roman.*)

POPVLAS , peuple.

POVRCHAZ , poursuite , pétition , requête , réclamation.

PROCÈDE. *La maladie ne procede* , ne fait des progrès , du latin *procedere*.

QVA. *Il n'y a plus ni qua ni sy* ; il n'y a plus à reculer , à différer. Nous disons encore familièrement : *Il n'y a plus ni mais ni si*.

QVARQVAVELLA , bavardé , mot patois.

QVEZON-NOV , mot patois , taisons-nous.

QVIA (ÊTRE ALLÉ A) , être mort , avoir disparu. Cette locution n'est plus usitée aujourd'hui dans ce sens ; mais l'on dit encore familièrement , en parlant de quelqu'un qui ne sait plus que répondre ou qui n'a plus de bonnes raisons à donner pour justifier ses actions ou ses opinions , qu'il est à *quia*. L'origine de cette expression remonte aux temps où l'argumentation philosophique était en grand honneur. On sait que ces sortes de discussions se faisaient en latin. Lorsque l'un des adversaires , pressé et battu par son antagoniste , voulait encore retarder l'instant de sa défaite , en cherchant de nouvelles réponses aux objections qui l'accablaient , il avait sans doute fréquemment recours au mot *quia* et y restait quelquefois arrêté sans pouvoir rien mettre à la suite. De là l'usage de dire d'un homme qu'il est à *quia*, quand il ne sait plus que répondre. De nos jours, le mot *parce que* est encore l'*ultimatum* de bien des gens, et il a tout autant de force que le *quia* des siècles antérieurs.

RACVEIL, recrue, du latin *recolligere*, dont nous avons fait *recueillir*.

ROMAIN (s.), paroisse ou quartier qui fournit un des capitaines de la chevauchée, prenant le titre de *chevalier*. L'église de ce nom était située derrière les prisons de l'archevêché. Dans le 17.e siècle, on transféra le service paroissial à l'église de S. Pierre-le-Vieux, qui a été vendue pendant la révolution et démolie depuis.

SAYE, vêtement long et étroit, à peu près semblable à une grande veste, du latin *sagum*. C'était le principal habillement des anciens Gaulois.

SEY, soif. *Nous an sey*, nous avons soif.

SEY, soir. *Bon sey*, bon soir.

SOLAS, amusement, récréation, du latin *solatium*.

SOTS. *Le juge des sots* était le chef d'une association de jeunes gens qui prenaient le nom de *sots*, mot qui alors signifiait *fou*. C'était, comme le nom l'indique assez, une compagnie de gens de plaisir, qui ne songeaient qu'à s'amuser ou à faire des folies. Il existait dans plusieurs villes de France des corporations de ce genre, qui portaient le même nom.

SOVLIEZ, imparfait de l'ancien verbe *souloir*, avoir coutume, du latin *solere*.

SVPPOSTZ, du latin *supra positus*. On donnait ce nom aux dignitaires ou chefs de quelques corporations ou corps de métiers. On lit ce qui suit dans un ouvrage du P. Ménestrier, à l'occasion des réjouissances qui eurent lieu à Lyon, pour la naissance du dauphin, en 1600 : « Les Imprimeurs qui se sont toujours signalés en de semblables fêtes, firent un char triomphant de Mgr. le Dauphin, représenté par plusieurs personnages, figures, emblêmes et énigmes, qu'ils expliquèrent en français, sous le titre de Colloque des trois suppots du seigneur de la Coquille, parce qu'ils avoient alors un Capitaine, un Lieutenant et un Enseigne pour marcher sous les armes aux réjouissances publiques ; et le capitaine se nommoit le seigneur de la Coquille, parce que c'étoit sa devise. » (Les Divers caractères des ouvrages historiques, avec le plan d'une nouvelle histoire de Lyon , par le R. P. Ménestrier , de la C. de J. ; Lyon , 1694 , in-12 , pag. 268).

TOCQVE. *Tocque d'argent* , étoffe brochée en argent ; on disait aussi *togue*.

TOLACHE , ou TOLLACHE , espèce de petit bouclier. Ce mot se trouve aussi dans le recueil de 1578 ; il a été également employé par le traducteur de P. Messie , Cl. Gruget. Voyez les Diverses leçons de P. Messie , trad. en fr. par Cl. Gruget. Tournon , 1616 , in-8.º , 5.ᵉ part. , ch. 1.ᵉʳ , pag. 520 ; éd. de Lyon , 1626 , pag. 700. — Nous n'avons trouvé ce mot dans aucun dictionnaire.

TETRARCHE , gouvernement en quatre parties ou provinces , ayant chacune un chef , ou tétrarque , l'un des quatre chefs de ce gouvernement , du grec *tetra* , pour *tettara* , quatre , et *arché* , principauté , commandement.

   1 S. *Dict-on que nous sommes tous seul ?*
   2 S. *Nenny , car nous tenons tetrarche.*

La *tetrarchie* dont il s'agit ici , est sans doute celle des *quatre* abbés de Mal-gouvert , savoir du Temple (aujourd'hui port du Temple et quartier des Célestins) , de S. Michel , de S. George et S. Just , les quatre premiers dont parle la *Chevauchée.* V. MAL-GOVVERT.